CW01654925

Responsable éditoriale : Laura Lévy
Édition : Adrienne Heymans
Responsable studio graphique : Sabrina Regoui
Mise en page : Céline Bernard
Gravure : Stéphane Cavazzini
Responsable fabrication : Éric Peyronnet
Fabrication : Julie Larcin
Correction : Vscript
Textes : Irena Aubert

Crédits photographiques : Photo de couverture : © JopsStock – Shutterstock.com ;
Page de garde et page 10 : © cge2010 – Shutterstock.com ;
Page de garde et Page 17 : © Pascale Gueret – Shutterstock.com ;
Page 6 : © E. O. – Shutterstock.com; Page 7 : © Alexandros Michailidis – Shutterstock.com; Page 8 : © S-F – Shutterstock.com ; Page 9: © Christophe Licoppe – SOFAM – www.atomium.be ;
Page 11 : © Felix Lipov – Shutterstock.com ; Page 12 : © bonandbon – Shutterstock.com ; Page 13 : © annika85 – Shutterstock.com ; Page 14 : © Benoit Bouchez ;
Page 15 : © Kurt Vansteelant – Shutterstock.com ; Page 16 : © Fred Fokkelman – Shutterstock.com ; Page 18 : © CapturePB – Shutterstock.com; Page 19 : © DronG – Shutterstock.com ;
Page 20 : © Fischer Food Design – Shutterstock.com ; Page 21 : © Brent Hofacker – Shutterstock.com ; Page 22 : © Olga Miltsova – Shutterstock.com ; Page 23 : © beats1 – Shutterstock.com ;
Page 24 : © MaxyM – Shutterstock.com ; Page 25 : © Bjoern Wylezich – Shutterstock.com ; Page 26 : © Wikicommons.com – Shutterstock.com ; Page 27 : © Macrovector – Shutterstock.com ;
Page 28 : © Kobby Dagan – Shutterstock.com ; Page 29 : © Anibal Trejo – Shutterstock.com;

SOMMAIRE

LE DRAPEAU BELGE

Le DRAPEAU belge est composé d'une bande noire, d'une jaune et d'une rouge. Il a été inspiré pc
celui du Brabant représentant un lion d'or avec la langue et les griffes rouges sur un fond noir.

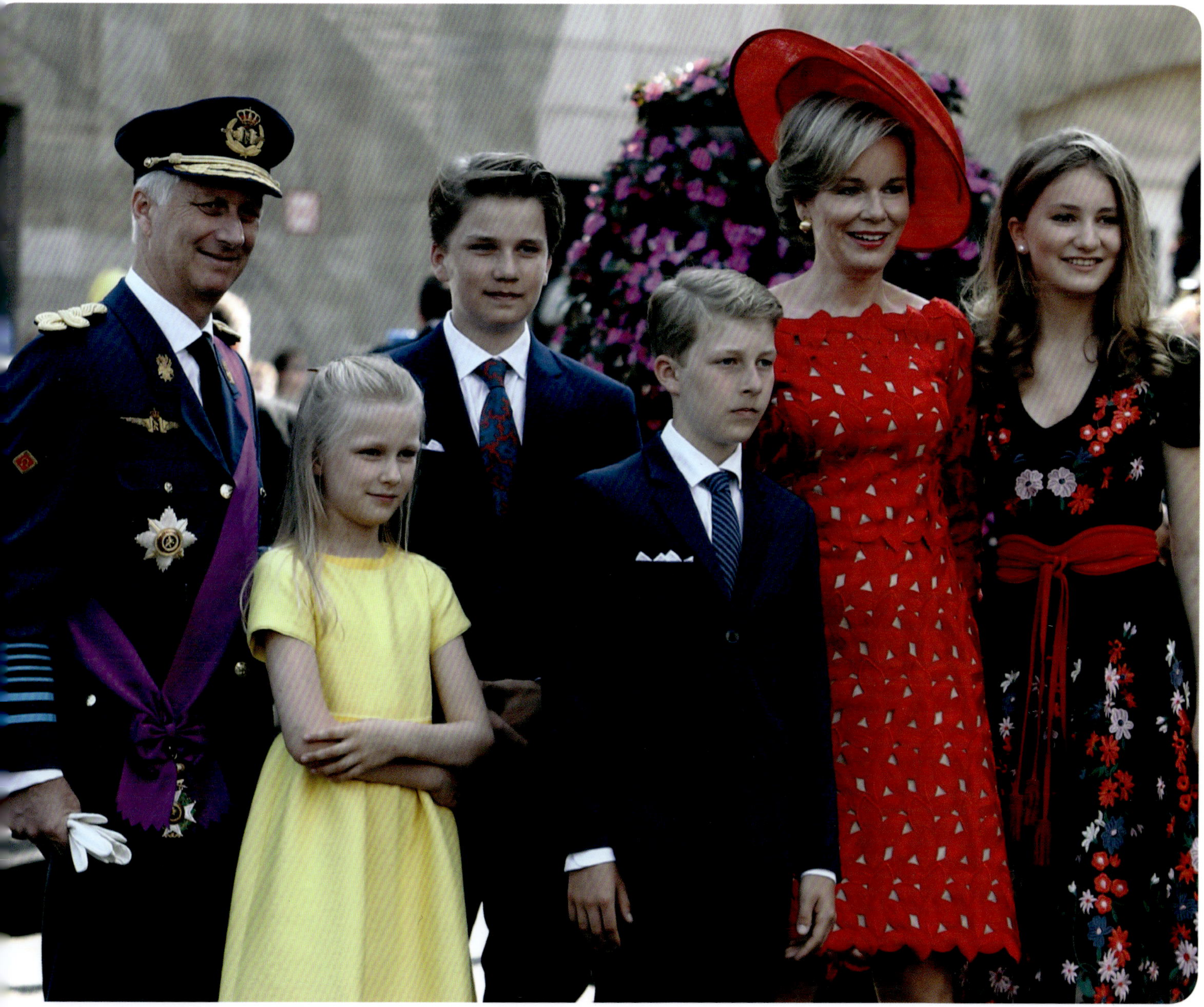

LA FAMILLE ROYALE

Au château de Laeken vit la FAMILLE ROYALE : le roi Philippe, la reine Mathilde et leurs quatre enfants. La plus âgée, la princesse Élisabeth, est la future reine.

BRUXELLES, LA CAPITALE

La CAPITALE de la Belgique, Bruxelles, est située en son centre.
C'est ici que se trouvent plusieurs organisations importantes de l'Union européenne.

Atomium : © www.atomium.be/ADAGP, Paris, 2020

L'ATOMIUM

L'ATOMIUM est l'un des monuments les plus célèbres de Bruxelles. Ses neuf immenses sphères représentent l'intérieur d'un cristal de fer, agrandi des milliards de fois.

LA GRAND-PLACE

Bruxelles est connue pour sa GRAND-PLACE. Située au centre de la ville, elle est entourée de magnifiques maisons ornées de sculptures et de motifs dorés, comme l'Hôtel de Ville.

LE MANNEKEN-PIS

Avec beaucoup d'humour, les habitants de Bruxelles ont choisi la statue du MANNEKEN-PIS pour représenter leur ville. Le nom de cette petite fontaine signifie « l'enfant qui fait pipi ».

LA BUTTE DU LION

La BUTTE DU LION célèbre une grande bataille qui a eu lieu à Waterloo en 1815.
Plusieurs pays alliés avec les Anglais ont gagné contre l'empereur français Napoléon.

LES GROTTES DE HAN

Avec plus de 17 km de galeries et de salles souterraines, les GROTTES DE HAN comptent parmi les plus belles d'Europe. Les hommes préhistoriques y ont laissé de nombreuses traces.

PAIRI DAIZA

PAIRI DAIZA est un magnifique jardin zoologique où on peut admirer des pandas géants, des tigres blancs, des éléphants… Son nom très ancien veut dire « paradis ».

LA FOIRE DU MIDI

Chaque été, sur le boulevard du Midi à Bruxelles, une grande fête foraine bat son plein. C'est la FOIRE DU MIDI avec sa parade, ses manèges, ses friteries et plein d'autres attractions.

L'ARDENNE

Située au sud du pays, l'ARDENNE est une région qui invite à faire de très belles balades. Ses forêts, ses rivières et ses vallées profondes offrent de splendides paysages.

LA MER DU NORD

La Belgique a accès à la MER DU NORD et ses magnifiques plages de sable.
De très nombreux bateaux accostent dans les immenses ports situés sur ses côtes.

LE CUISTAX

Le CUISTAX est un véhicule à pédales à quatre roues accueillant une ou plusieurs personnes. Il permet de faire d'agréables promenades sur les digues de la mer du Nord.

LES MOULES

Les MOULES avec des frites sont un plat traditionnel en Belgique. La recette la plus connue est celle des moules marinières, cuites avec du vin, des échalotes, du persil et du beurre.

LES FRITES

Les FRITES belges sont croustillantes à l'extérieur mais moelleuses à l'intérieur. Un de leurs secrets est la double cuisson. On les cuit un peu, on les égoutte bien, puis on les cuit à nouveau.

LES BOULETS SAUCE LAPIN

es BOULETS SAUCE LAPIN sont un plat originaire de Liège. Il ne contient pas de lapin ; leur nom viendrait de madame Géraldine Lapin. On ajoute un peu de sirop de Liège dans la sauce.

LES GAUFRES

Tout le monde adore les GAUFRES belges. Celles de Liège sont plus denses et plus sucrées que celles de Bruxelles, plus légères et aérées.

LE CHOCOLAT

Le CHOCOLAT belge est célèbre dans le monde entier. Des centaines de chocolatiers produisent chaque année des tonnes de délicieux chocolats. La fameuse praline est un chocolat fourré.

LA BIÈRE

La BIÈRE est une boisson alcoolisée très populaire en Belgique. Sa fabrication se fait dans des brasseries. On en compte environ 300 dans le pays.

LES DIAMANTS D'ANVERS

Anvers est une grande ville connue pour son quartier des diamantaires. Ces artisans taillent des DIAMANTS pour en faire des bijoux.

LA PEINTURE

La PEINTURE est très importante dans la culture belge. Plusieurs peintres sont célèbres dans le monde entier, comme Rubens dont tu vois ici le portrait, Van Dyck ou encore Magritte.

LA BANDE DESSINÉE

Plusieurs héros très populaires de la BANDE DESSINÉE, ou BD, sont nés en Belgique. Parmi eux, Spirou, Lucky Luke, les Schtroumpfs ou encore Tintin.

LE CARNAVAL

Chaque hiver, de nombreux CARNAVALS hauts en couleur sont organisés à travers tout le pays.
Le plus connu est celui de Binche avec un millier de Gilles qui défilent dans les rues.

LA DUCASSE

Une fois par an, dans certaines villes, on organise une fête appelée « la DUCASSE ». À Mons, on y rejoue le combat entre saint Georges et le dragon.